Mewn Hen Dŷ

gan

Jini Owen a Gwenda Jones

Darluniwyd gan Non Huws

Mewn hen, hen dŷ
roedd hen, hen ddrws.

Tu ôl i'r hen, hen ddrws
roedd hen, hen risiau.

I fyny'r hen, hen risiau roedd hen, hen gist.

Yn yr hen, hen gist
roedd hen, hen
hetiau.

O dan yr hen, hen hetiau
roedd hen, hen
focs.

Ar ben yr hen, hen focs
roedd allwedd.
Troi a throi
clic a chlec.

Yn yr hen, hen focs
roedd

roedd

bwgan!